SUPPLÉMENT

AU SEUL MOYEN

DE RÉCONCILIATION.

DE L'IMPRIMERIE DE J. SMITH,
RUE MONTMORENCY, N° 16.

SEUL MOYEN
DE RÉCONCILIATION.

SUPPLEMENT

A L'EXPOSÉ AUX CHAMBRES,

SUR L'INDEMNITÉ AUX ÉMIGRÉS,

Par GUY, de Nissan.

> « Je dirai aux uns : il est impossible de vous rendre vos biens, vous désirez une indemnité, transigez.
> « Je dirai aux autres : il est impossible d'empêcher la dépréciation de vos biens, vous desirez qu'ils arrivent a la hauteur des biens patrimoniaux, transigez. »

Prix : 1 fr. 50 cent.

PARIS,

Chez PONTHIEU, DELAUNAY et DENTU,
LIBRAIRES, PALAIS-ROYAL.

DÉCEMBRE 1824.

SUPPLÉMENT.

Lorsqu'au mois de juillet dernier j'ai fait paraître mon exposé aux Chambres, intitulé : *Seul moyen de réconciliation*, j'espérais bien, comme la chose est arrivée, que tous les bons esprits seraient frappés des vérités qu'il renferme; et si l'on pouvait tirer vanité d'un si faible écrit, mon amour-propre devrait être bien flatté à cause du grand nombre de personnes recommandables qui m'ont honoré de leurs suffrages. Malgré cela, il trouve encore des contradicteurs, ce qui prouve encore une fois combien il est difficile de faire le bien. Ainsi, soit par crainte de n'avoir pas assez bien dit, ou de n'avoir pas été compris, je me vois forcé de reprendre la plume pour combattre quelques objections qui, quoique frivoles, ne sont pas moins des objections, et l'on sait qu'en fait de polémique, on est obligé de repousser toutes les attaques, sous peine d'être déclaré vaincu. Je ne saurais donc consentir à abandonner le champ de bataille lorsque ma conscience me dit que je suis placé sur un terrain inexpugnable.

Je me propose en conséquence de soutenir les faits que j'ai avancés, de réfuter quelques objections nouvelles; mais je commencerai par répondre à l'article du *Constitutionnel* du 4 août dernier : je lui dois cette préférence comme étant le premier qui ait parlé sur ce projet. Ce journal, sans contester aucun fait ni aucun aperçu, n'en a pas moins repoussé le *seul moyen de réconciliation* à la faveur de quelques assertions vagues et inexactes, ce qui me fait espérer qu'il reconnaîtra son erreur, sans recourir à des sarcasmes qui peut-être peuvent convenir dans un journal pour dérider ses lecteurs, mais qui seraient déplacés dans une question d'intérêt et de politique, *la plus grave* qui ait jamais occupé les Français.

Avant d'entrer en matière, il est nécessaire de faire connaître les motifs qui m'ont déterminé à entreprendre ce projet. J'ai eu, je l'avoue, la présomption de croire à la possibilité du rétablissement solide de la paix intérieure, que je regarde comme la clef de la voûte de l'édifice social, et la source de toutes les prospérités. Plein de cette grande pensée, j'ai senti que pour parvenir à réconcilier les Français, il fallait auparavant accorder ensemble les intérêts anciens et les intérêts nouveaux, notamment ceux qui affectent des classes compactes, imposantes par leur nombre et par leur influence sur la multitude.

En cherchant parmi ceux qui étaient le plus nombreux et qui avaient le plus de motifs pour être inquiets, j'ai été convaincu que c'étaient d'une part les émigrés, qui, ayant été injustement dépouillés, jouissent pourtant dans l'opinion publique du droit d'hypothèque morale sur les biens nationaux, et de l'autre les nouveaux propriétaires, dont les biens sont en défaveur à cause de ce même droit moral qui, quoi qu'on en puisse dire, frappe l'imagination comme les armoiries sur un meuble d'argent que l'on voit entre les mains d'un tiers, rappellent à notre pensée le propriétaire primitif. Ainsi il est inutile de se faire plus long-temps illusion; il est constant que, malgré les lois et la Charte, l'opinion publique persiste à voir dans cette nature de biens deux espèces de propriétaires, *l'un patent et l'autre occulte*. Voilà la cause de leurs divisions.

Depuis plus de trente ans ils sont irréconciliables; leurs intérêts sont si croisés qu'ils ne peuvent plus s'entendre; à en juger par leur irritation, l'avenir serait effrayant si dans cette circonstance le gouvernement n'interposait pas sa médiation. Quand on ne veut pas être obligé d'arrêter les révolutions, il est sage de les prévenir. C'est pour arriver à ce but que j'ai proposé une transaction appuyée par une loi de confiance, de loyauté, afin de satisfaire les anciens et les nouveaux propriétaires dont la division, d'autant plus dangereuse qu'elle est en quelque sorte excusable, cause à l'état la plaie la plus profonde. Nous allons voir ce que l'on objecte à une mesure aussi sage, et qu'un écrivain, j'ose à peine le dire, a qualifiée d'*aberration*.

RÉPONSE

A l'article du Constitutionnel *du 4 août dernier.*

L'auteur de l'article qui a rendu compte de mon Exposé aux Chambres, paraît être partisan de l'indemnité payée en rentes. Si telle est sa manière de voir, je ne le blâme pas d'avoir une opinion contraire à la mienne. Mais en parlant des lettres de ratification dans lesquelles sera relatée la renonciation de l'ancien possesseur, si les biens sont de deuxième origine, et celle du procureur du roi si les biens sont de première origine : *Voilà, s'écrie-t-il, la première fois qu'on parle des acquéreurs des biens du clergé, qui se croyaient et qui en effet doivent être très-paisibles.*

Le rédacteur, en disant que les acquéreurs des biens du clergé doivent être très-paisibles, semble dire que les acquéreurs des biens des émigrés ne doivent pas l'être autant; ce qui suppose une distinction contraire à l'article 9 de la Charte qui a *déclaré inviolables toutes les propriétés nationales ;* elle n'a pas fait de distinction entre les biens de première et de seconde origine. Cette distinction est d'autant plus importante qu'elle est faite au moment où il s'agit d'acquitter la dette de l'indemnité, et que peut-être elle a donné lieu à la *Quotidienne*, comme je le dirai ailleurs, de demander *que la propriété confisquée soit rendue à son premier maître.*

Cette assertion est encore inexacte; elle est contraire à l'opinion générale, car lorsqu'on a présenté les acquéreurs des biens nationaux comme un colosse de résistance, lorsqu'on a dit qu'il y avait eu plus d'un million de ventes de biens nationaux, certainement on a bien entendu parler des acquéreurs de première et de seconde origine. Ce n'est donc pas la première fois qu'on parle des acquéreurs des biens du clergé?

Le rédacteur de cet article voudrait-il justifier son opinion, en disant que les acquéreurs de première origine ne sont pas inquiétés. Ceux de seconde origine le sont-ils davantage ? Ce ne sont jusqu'à présent que des inquiétudes vagues ou morales, qu'ils partagent les uns et les autres au même degré. Car si l'on touchait à l'un, le voisin serait nécessairement alarmé.

L'auteur de l'article ne veut pas des lettres de ratification, *parce qu'elles sont renfermées*, dit-il, *dans l'art. 9 de la Charte, précité*. Je ne puis concevoir le motif de cette opposition. Les lettres de ratification portent le caractère de franchise et de loyauté; elles font du bien aux uns sans faire du mal aux autres. C'est, en un mot, une quittance qu'on ne refuse jamais quand on est satisfait. Du reste, son observation est oiseuse, lorsque je ne l'ai pas passée sous silence dans mon exposé aux Chambres. J'ai dit que l'expérience de dix années avait prouvé que la Charte n'avait pas suffi pour rassurer les détenteurs des biens nationaux, puisque leurs biens n'ont pas cessé d'être en défaveur. Voilà un fait que j'ai avancé. Est-il vrai, ou faux? Répondez. Si vous détruisez mon assertion, je conviendrai avec vous que les lettres de ratification sont inutiles. Mais si le fait est vrai, convenez avec moi qu'elles sont nécessaires.

L'auteur du même article, après s'être opposé aux lettres de ratification, se hâte de dire : *Nous ne voyions pas alors à l'aide de quelle interprétation on pourrait exiger, des possesseurs de celles-ci, des décla-*

rations ou des tributs qu'on ne serait pas en droit d'exiger des autres.

L'auteur de l'article aurait dû voir que je ne demande ces déclarations et ces tributs que par suite d'une transaction qui doit réconcilier les anciens et les nouveaux possesseurs. C'est donc ici une mesure de sûreté de l'état pour conserver la paix intérieure. Je vous prie de lire l'article 14 de la Charte, qui n'a pas besoin d'interprétation, et vous verrez que c'est un des plus beaux attributs de la couronne. Que serait la royauté, si un roi, connaissant les besoins et les nécessités de son peuple, ne pouvait pas faire des lois pour faire le bien ou pour empêcher le mal, sous prétexte qu'il n'aurait pas le droit d'intervenir dans des discussions qui pourraient finir par troubler la tranquillité publique? Il est pénible de relever de semblables hérésies, qui ne sont venues à l'idée du journaliste, j'aime à le croire, que parce qu'il s'agit ici de biens nationaux. Cela étant, ne parlons plus de ces biens, et supposons, pour un moment, qu'un grand terrain avoisine cent communes, et que chacune d'elles veut se l'approprier. Leurs prétentions font naître des divisions entre elles, qui, grossissant chaque jour, font craindre pour la tranquillité publique; dans cette supposition, dis-je, vous ne contesteriez pas sans doute au gouvernement le droit d'intervenir dans les querelles de ces cent communes, pour les concilier et les faire transiger entre elles, s'il y avait lieu. Eh bien! vous pourriez lui contester ce droit dans l'espèce où il s'agit de six milliards de biens, auxquels sont intéressés sept à huit millions de Français? Une telle prétention est trop absurde si l'auteur de l'article ne prouve qu'il n'existe pas de division entre les anciens et les nouveaux possesseurs.

PREMIÈRE QUESTION.

Est-il vrai que ce projet est arrivé trop tard ?

Des hommes qui ont quelque influence, après avoir lu mon exposé aux Chambres, m'ont dit que ce projet aurait été bon, s'il avait été présenté en 1814, sans dire si c'était avant ou après la Charte, mais que dans ce moment il était arrivé trop tard. Cette objection, qui est la plus futile de toutes, a cependant trouvé des échos parmi ceux qui, ne voulant jamais prendre la peine d'approfondir aucune question, croient sur parole tout ce qu'on leur dit, et parmi ceux qui, ennemis du repos et aveuglés par le sentiment coupable de n'être plus nécessaires, frémissent au seul nom *de réconciliation*, et emploient tous les moyens pour tout brouiller. Mais ils ne parviendront pas à étouffer la voix de la vérité. Ce n'est pas sous un prince sage, juste et éclairé, que l'on peut craindre d'avoir tort, pour avoir trop raison.

Puisque ce projet n'a d'autre défaut que d'être arrivé trop tard, on reconnaît donc la justesse des aperçus. Cet aveu me met à mon aise, car il ne me reste qu'à en examiner l'opportunité. Je vais m'expliquer à cet égard, et faire connaître un fait qui m'est personnel; on appréciera ensuite la valeur de cette objection.

Au mois de juin 1814, du 15 au 20, j'eus l'honneur d'approcher une excellence de ce temps-là ; et étant alarmé de l'agitation qui régnait entre les anciens et les nouveaux possesseurs, je lui proposai verbalement, pour la faire cesser, de faire accorder des lettres de ratification aux détenteurs des biens nationaux, moyennant une rétribution de 10 pour 100 qui serait remise aux anciens possesseurs, pour leur tenir lieu d'indemnité. Voici sa réponse : *Savez-vous*, me dit-il, *qu'il y a eu onze cent mille ventes de biens nationaux, et que le quart de la population est intéressé à les défendre ? Pensez donc combien il serait impolitique d'attaquer ces acquéreurs au moment où la Charte vient de proclamer l'inviolabilité de leurs biens ?* Je lui répondis alors que, les biens étant en défaveur, les acquéreurs y gagneraient par l'accroissement de leur valeur. *La loi fondamentale ayant sanctionné et corroboré les ventes de cette nature de biens, toute distinction doit cesser : on ne fera plus bientôt de différence entre les biens nationaux et ceux patrimoniaux, et à l'égard des émigrés,* ajouta-t-il, *on s'occupera d'un moyen pour les indemniser.*

Les réponses de ce personnage me parurent plausibles ; car, indépendamment des raisons politiques qui pouvaient alors s'opposer à cette mesure, il les appuyait encore de raisons d'équité : en effet, de ce que la Charte venait de déclarer inviolables les propriétés nationales, il s'ensuivait qu'elles étaient mises au rang des propriétés patrimoniales ; on ne pouvait donc plus les distinguer entre elles, et la

Charte aurait semblé une déception, si, à cette époque, on les eût traitées différemment. Telles furent les réflexions que je fis sur ce que venait de me dire ce personnage. Il était de bonne foi, je l'étais moi-même, et je n'insistai plus. L'agitation ne se ralentit pas. Quelles en furent les suites ? Hélas ! il faut bien le dire, puisqu'on paraît l'avoir oublié. *Le 20 mars, de douloureuse mémoire, est arrivé.* Je ne veux point attribuer ce funeste événement à une cause plutôt qu'à une autre. Je dirai seulement que les ressorts que l'on a vus étaient mus par une infinité d'autres, dont le jeu a été aperçu par les moins clairvoyans.

Mais qui le croirait ? ces hommes influens, après avoir entendu ce court exposé, m'ont répondu qu'ils avaient voulu dire que ce projet aurait été bon, s'il avait été présenté avec la Charte. Il est bien pénible d'avoir à repousser de semblables objections. Hommes imprudens, s'il est vrai que vous soyez de bonne foi, vous qui ne réglez les affaires publiques que d'après vos passions et vos intérêts domestiques, vous ne craignez pas d'improuver la sagesse du législateur ! Ah ! si le Créateur voulait exaucer les vœux de chaque créature, l'admirable harmonie qui règne dans l'univers serait bientôt bouleversée..... Cette objection est si étonnante dans la bouche de certaines personnes, qu'on est obligé de se recueillir pour pouvoir continuer......

L'auguste auteur de la Charte a sanctionné la vente

des biens nationaux; s'il n'a pas fait plus, c'est qu'il n'a pas dû le faire. Connaissez-vous les motifs de sa détermination, pour oser censurer sa conduite? S'il avait fait ce que vous prétendez qu'il aurait dû faire, et qu'il fût arrivé un second 20 juin, qu'auriez-vous dit? Ah! je le sais : vous auriez été les premiers à accuser son imprévoyance. Cessez donc vos plaintes outrageuses, et rendons grâces à cette auguste sagesse qui nous a préservés d'un si grand malheur. Combien d'entre nous n'auraient pas eu le bonheur de voir son digne successeur, dont le règne, à peine commencé, promet déjà à la France les plus heureuses destinées.

Maintenant, il devient facile de répondre à l'objection de l'opportunité de ce projet. 1° Il n'a pas été présenté avec la Charte, parce que nous devons croire qu'il ne pouvait et ne devait pas l'être. Toute investigation à cet égard nous est interdite par respect pour son auteur. D'ailleurs, cette objection est un fait négatif, et l'absence d'un fait qui aurait pu avoir des conséquences désastreuses, étant un bienfait, on ne peut s'en servir pour en faire le texte d'un reproche.

2° J'ai fait connaître plus haut les motifs qui ont empêché que ce projet fût présenté en 1814, après la Charte. Oui, sans doute, je le répète, il aurait été injuste, au moment où la Charte venait d'assimiler les biens nationaux aux biens patrimoniaux : on ne pouvait pas les traiter différemment sans se mettre en contradiction, et par cette assimilation, on devait espérer que l'opinion publique ne ferait plus de distinctions entre eux, et qu'ils accroîtraient de valeur. Mais cet espoir existe-t-il en 1824 ? l'expérience de dix années ne prouve-t-elle pas que l'opinion publique ne veut pas rétrograder à cet égard, et que les biens nationaux sont et seront toujours en défaveur. D'après cela, il est évident que ce projet aurait été injuste et impolitique s'il avait été présenté en 1814, mais qu'il est juste et politique en 1824. Qu'on ne dise donc plus qu'il est arrivé trop tard. Est-il jamais trop tard pour réconcilier les hommes ? Est-il jamais trop tard pour jouir de la paix intérieure ?

DEUXIÈME QUESTION.

Serait-il prudent d'imiter l'Angleterre, où les biens nationaux sont en défaveur depuis près de deux siècles ?

Un membre marquant de la Chambre des Députés m'a dit qu'il est de la nature des biens confisqués d'être toujours en défaveur ; il a cité à l'appui de son opinion l'exemple de l'Angleterre, où ces biens sont, depuis près de deux siècles, au-dessous de la valeur des biens patrimoniaux.

Il est dans l'ordre des choses que toutes les objections doivent fortifier un projet vrai, juste et loyal ; c'est comme les ombres qui font ressortir les beautés d'un tableau. Quoi ! l'on prétend que les biens nationaux sont en défaveur depuis près de deux siècles, et l'on voudrait soumettre la France à une pareille épreuve sans savoir quel en sera le terme? A-t-on oublié que l'Angleterre a été long-temps déchirée par des dissentions civiles qui n'étaient suscitées que par les regrets des uns et les inquiétudes des autres ? Peut-on disconvenir qu'au milieu de ses troubles elle n'eût été subjuguée dix fois si sa position géographique ne l'avait mise à l'abri d'un coup de main ? Peut-on comparer à l'Angleterre la position de la France entourée de voisins qui ne demanderaient pas mieux que d'en partager les lambeaux ? Ah ! si l'Angleterre avait calmé les regrets des anciens possesseurs, et dissipé les inquiétudes des nouveaux ; si elle eût étouffé ce foyer de discorde en les obligeant à transiger entre eux, que de maux elle se serait épargnés ! Un acte de justice et de modération aurait suffi pour réconcilier tous les esprits; elle jouirait depuis long-temps de la paix intérieure qu'elle a cherché vainement à obtenir par l'injustice et la violence. Qui ne frémit pas en pensant que dix millions de population ont pu commettre tant d'excès en Angleterre? Que serait-ce, grand Dieu ! en France qui en compte trois fois plus ? Imitons les exemples de sagesse que peut nous donner l'Angleterre, mais que notre engouement pour cette nation ne nous porte pas à imiter ses fautes.

Est-il vrai de dire que l'état ayant profité seul de la vente des biens nationaux, c'est à l'état et non aux acquéreurs à payer l'indemnité aux émigrés?

Cette proposition renfermant deux questions distinctes, je la diviserai pour rendre la discussion plus claire.

TROISIÈME QUESTION.

L'État a-t-il profité ou non de la vente des biens nationaux ?

Dans mon exposé aux Chambres, regardant cette question comme oiseuse, je suis convenu du principe afin de ne pas rappeler des souvenirs fâcheux ; mais comme on persiste à mettre en avant cet argument le plus captieux de tous, derrière lequel les adversaires de ce projet, en confondant *le moral avec le matériel*, semblent s'être principalement retranchés comme dans un lieu inattaquable, je vais pénétrer dans ce retranchement et prouver que cet argument n'est qu'un sophisme de plus, parce qu'il ne s'agit ici que des avantages *matériels*.

Avant d'aller plus loin, il est bon de faire observer que les assignats n'étaient pas reçus hors du territoire français, et que tout ce que les étrangers fournissaient au gouvernement était payé en denrées ou en numéraire. J'ajouterai encore, pour bien s'entendre, que la fortune d'un état ne se compose que des fortunes particulières, afin qu'on ne prétende pas que l'état a profité lorsque les fortunes particulières ont été anéanties. Cela posé, je conviens que l'état a reçu en assignats le produit des biens nationaux, mais il ne les a pas gardés, il les a donnés en paiement, et en définitive ceux qui les ont reçus ont été ruinés. Personne, ce me semble, ne pourra contester que les créanciers de l'état ont tous perdu, tandis que les débiteurs se sont enrichis ; or, comme les acquéreurs étaient les seuls débiteurs de l'état, eux seuls ont fait d'énormes bénéfices. Comment contester des faits aussi notoires ? N'est-ce pas abuser de la parole que de prétendre que l'état a profité *matériellement* du produit de la vente des biens nationaux ? Et si par un subterfuge on s'obstinait à soutenir cet argument, on y répondrait par un autre subterfuge en disant que l'état ne peut être tenu à donner que ce qu'il a reçu. Il a reçu des espèces idéales, des assignats et des mandats, est-ce avec cette monnaie que l'on voudrait indemniser les émigrés ? Mais banisssons les subterfuges qui sont déplacés dans un sujet aussi grave.

QUATRIÈME QUESTION.

L'indemnité des émigrés doit-elle être payée par l'État, ou par les acquéreurs des biens nationaux ?

Je répéterai ici ce que j'ai dit dans mon exposé aux Chambres, que quand bien même l'état aurait plusieurs milliards dans sa caisse, il ne devrait pas l'ouvrir pour cela. Il en serait sans doute autrement si l'indemnité des émigrés était une question simple, comme celle qu'on accorde tous les ans pour ravages causés par la grêle, le feu, l'eau, etc., etc.; s'il ne s'agissait que d'une simple injustice à réparer, rien ne s'opposerait à ce que l'état ouvrît ses trésors ; mais dans cette conjoncture, l'indemnité des émigrés est une question compliquée, elle est malheureusement inséparable de la dépréciation de six milliards des biens nationaux dont la cause produit les effets de la plaie la plus profonde, et qu'il importe essentiellement de connaître pour la faire cesser.

Personne ne disconviendra sans doute qu'il existe un différend entre les anciens et les nouveaux possesseurs, *moralement* si l'on veut, mais il n'en existe pas moins. Tout différend ne peut être terminé sans transaction, et comme dans l'espèce les parties ne peuvent pas transiger ensemble, parce qu'elles ne pourraient jamais s'entendre, il n'appartient qu'au gouvernement de prononcer sur ces débats, parce qu'il est le seul garant de l'exécution du traité. Si ce raisonnement est juste, comment opérer cette transaction si l'état paie l'indemnité aux émigrés ? En quoi cette mesure ressemblera-t-elle à une transaction, quand bien même les émigrés feraient abandon de tous leurs droits ? Ce ne serait pas une transaction, parceque toutes les parties n'y auraient pas concouru, mais plutôt une mesure de ménagement qui donnerait gain de cause aux acquéreurs. Mais après cela, il est question de savoir si en gagnant leur procès ils seront plus heureux. Je mets la main sur ma conscience pour la consulter et elle me répond qu'ils y perdront. Non, non, le juge suprême, c'est-à-dire l'opinion publique qui règle la valeur de leurs biens, ne verra dans cette mesure qu'un mystère, et les effets de la dépréciation des biens nationaux subsisteront à jamais.

Mais il n'est pas nécessaire de se battre tant les flancs pour trouver un moyen curatif. Par un de ces hasards heureux que l'on rencontre dans les secrets de la nature, le remède ici se trouve dans le mal même, comme on voit une plante vénéneuse qui renferme dans son sein son contre-poison, qu'on ne saurait remplacer aussi efficacement par un autre.

Dans mon exposé aux Chambres, pages 14 et 15, j'ai indiqué le moyen assuré de faire cesser cette dépréciation; j'ajouterai seulement, qu'il faut bien se persuader qu'il s'agit dans cette circonstance de forcer la confiance et de ramener l'opinion publique, et qu'on n'y parviendra pas avec le protocole ordinaire d'une loi : il faut que cette loi porte le cachet de la franchise et de la loyauté, et je persiste à dire, que, pour réconcilier les Français, et pour donner de l'accroissement de valeur aux biens nationaux, rien ne peut remplacer une transaction suivie de payement, en vertu d'une loi spéciale. Il faut que les acquéreurs achètent de leurs deniers cette amélioration, non pas parce qu'ils ont profité de la vente de leurs biens, comme je l'ai dit dans la question précédente, mais à cause de cet *accroissement de valeur* qu'ils ne pourraient jamais obtenir sans cela.

Il résulte donc de tout ce que je viens de dire, que l'état ne doit pas faire les frais de cette indemnité, parce qu'il nuirait aux acquéreurs, et qu'il se nuirait à lui-même.

CINQUIÈME QUESTION.

Serait-il plus avantageux pour les contribuables, que l'indemnité des émigrés soit plutôt payée avec les épargnes de la caisse d'Amortissement, que par une création de rentes ?

Un autre membre, qui n'approuvait pas alors mon projet, frappé de mon objection, relative à la crainte qu'une création de trente millions de rentes, ne portât atteinte au crédit public, me répondit, que pour éviter cet inconvénient, l'on paierait l'indemnité avec les épargnes de la caisse d'Amortissement.

Cet expédient n'est, aux yeux des hommes raisonnables, qu'une subtilité puérile. En effet, si l'on crée des rentes, il en faudra faire les fonds. Si l'on dispose d'un trésor, il faudra le remplacer. Que gagneront à cela les contribuables ? Leur accordera-t-on le dégrèvement après lequel ils soupirent depuis long-temps ? Cela n'est pas possible. Dès lors, je ne crois pas qu'ils soient disposés à se réjouir beaucoup de cet ingénieux expédient. Et, à propos de dégrèvement, ce même Membre me dit, que peut-être on y pourvoirait au moyen d'une réduction de rentes, ou par une création des 3, des 4 ou des 5 pour 100. Il m'a parlé d'une manière si vague, que je ne suis pas fixé sur ce qu'il a voulu me dire. Il n'entre pas d'ailleurs dans mon sujet de traiter cette matière. Je dirai seulement que, sitôt qu'on a le malheur de prendre un chemin détourné, il est impossible de ne pas faire quelque faux pas.

Pour terminer la question qui nous occupe, je dis qu'il est très-indifférent pour les contribuables que l'indemnité soit payée en rentes ou avec les épargnes de la caisse d'Amortissement. On choisira le mot que l'on voudra, la chose sera toujours la même, et pour me servir d'un langage vulgaire, c'est comme si l'on disait jus vert ou verjus.

SIXIÈME QUESTION.

Est-il juste, est-il politique que l'indemnité des émigrés soit payée en rentes ou avec les épargnes de la caisse d'Amortissement ?

C'est ici la question qui, comme on va le voir, donne le plus d'embarras aux adversaires de ce projet, je crois véritablement qu'elle est très-grave, et qu'elle mérite le plus sérieux examen.

Avant de parler sur cette question, il est nécessaire de savoir où est la plaie de l'état dont on parle tant, afin de placer l'appareil dessus, et non à côté. Est-ce l'indemnité des émigrés ? Cette indemnité est une tache qu'il est de l'honneur de la France d'effacer, si elle veut conserver son rang de première nation civilisée, sans quoi nous ne vaudrions pas mieux que nos plus proches voisins. C'est une injustice à réparer. C'est, en un mot, six cents millions qu'il faut demander aux uns pour donner aux autres. Tout en reconnaissant la justice de cette indemnité, on peut cependant demander en quoi il importe à la prospérité de l'état que ce déplacement de fonds ait lieu ou n'ait pas lieu. Est-ce que l'état a quelque chose à perdre ou à gagner dans ce revirement? Une plaie gêne les mouvemens. Croit-on que l'état ne marchera pas, si les six cents millions ne sont pas dans la poche de ceux-ci plutôt que dans la poche de ceux-là? L'indemnité des émigrés est une des plaies de la révolution, mais elle n'est pas la plaie de l'état.

La véritable plaie de l'état, à laquelle on songe le moins, c'est la dépréciation des biens nationaux, et la cause de cette dépréciation est l'hypothèque morale qui pèse sur ces biens. C'est elle qui divise les esprits ; c'est elle qui, empêchant la circulation de six milliards de biens, arrête les progrès de l'agriculture, de l'industrie, des arts et du commerce; c'est elle qui fait perdre à l'état un revenu annuel de plus de quinze millions, sans profit pour personne. Voilà donc la plaie de l'état, et elle vaut bien la peine qu'on y réfléchisse.

On va juger de la bonne foi des adversaires de ce projet. Ils disent *tout haut*, qu'en employant des rentes ou les épargnes de la caisse d'Amortissement pour indemniser les émigrés, ils feront cesser la cause et les effets de la dépréciation des biens nationaux ; et *tout bas*, ils disent le contraire.

Comme je ne puis pénétrer dans leur intérieur pour connaître les secrets de leur âme, je leur ferai cette question : avez-vous, ou n'avez-vous pas l'intention de faire cesser la dépréciation des biens nationaux ? Je vous laisse le choix de tenir la porte ouverte ou fermée. Si vous n'avez pas l'intention de faire cesser cette dépréciation, il est constant que vous ne voulez pas récon..... Je ne puis continuer.... Non, non, de telles intentions n'appartiennent pas à des cœurs français.

Si, au contraire, vous avez l'intention de faire cesser cette dépréciation, c'est-à-dire d'accroître la valeur de ces biens, vous devez savoir que la charge de cette indemnité s'étendra comme un réseau sur tous les Français sans distinction ; vous n'exceptez pas celui qui a fait des sacrifices comme celui qui a tout perdu, l'homme paisible ni l'homme fidèle, enfin cette masse de Français, qui, irréprochables dans leur conduite, ne devaient jamais craindre d'être appelés à redresser des torts auxquels ils n'avaient pris aucune part. *Quels sont ces torts, vous demandera-t-on ?* C'est l'injustice faite aux émigrés. *Mais vous vous trompez, diront-ils, c'est bien plutôt pour accroître la fortune des acquéreurs des biens nationaux, puisque, par cette mesure, leurs profits sont quatre ou cinq fois plus grands que la somme que vous accordez aux émigrés. N'ont-ils pas assez gagné pendant nos troubles ? Ils s'enrichissaient dans le temps que nous nous appauvrissions. Faut-il, qu'après trente ans, l'ordre étant rétabli, nous soyons encore obligés de fouiller dans nos poches pour accroître leur fortune. Nos sacrifiées, nos pertes, notre fidélité sont donc des crimes, puisque vous nous punissez, et que vous récompensez ceux qui ont su bien faire leurs affaires. Vous nous disiez, dans le temps, que nous faisions bien et que les autres fesaient mal, et maintenant, vous nous prouvez que les autres ont bien fait, et que nous avons eu tort de vous croire.*

Tel est, en substance, le raisonnement simple mais accablant que fera naître une mesure aussi légèrement conçue. En effet, châtier celui qui a fait des sacrifices, celui qui a tout perdu, l'homme paisible, l'homme fidèle, et montrer tant de sollicitude pour ceux qui ont profité, c'est vouloir encourager les révolutions. Encourager les révolutions ! Réfléchissez-y encore une fois. Vous mettriez la cognée au pied de l'arbre social ; vous lui porteriez le premier coup !

Voilà les effets de votre projet, dans les deux hypothèses. Maintenant, je vous demande si, avec l'une ou l'autre intention, vous pouvez consciencieusement, et sans encourir de blâme, soutenir que l'indemnité des émigrés doit être payée en rentes ou par la caisse d'Amortissement. Vous ne savez que répondre, vous vous êtes placés vous-mêmes dans une position où vous n'osez pas avouer votre pensée : votre silence et votre embarras vous condamnent, parce que votre projet est vicieux, de telle manière qu'on l'envisage. Il est odieux, si vous n'avez pas l'intention de faire cesser la dépréciation des biens nationaux, et il est injuste et impolitique, si vous avez l'intention de la faire cesser. Voici la cause de toutes ces difficultés ; c'est que l'indemnité des émigrés et la dépréciation des biens nationaux sont deux questions qui, quoique liées, sont cependent distinctes, dont l'une doit venir après l'autre : et que le mal vient de ce que l'on a fait de l'indemnité la question principale, de laquelle on a fait dépendre la dépréciation des biens nationaux; au lieu que, si l'on s'était occupé de la dépréciation des biens nationaux, qui est la véritable plaie de l'état, et que l'on en eût fait la question principale, l'indemnité des émigrés n'aurait rencontré aucun obstacle. Elle serait arrivée là comme un droit et non comme une gratification.

SEPTIÈME QUESTION.

Est-il vrai que la rétribution payée par les acquéreurs ne suffira pas pour faire accroître la valeur des biens nationaux ?

Les adversaires de ce projet prétendent que la mesure que j'ai proposée ne suffira pas pour faire accroître la valeur des biens nationaux, nous allons voir si ces craintes peuvent être fondées.

Toutes les fois que l'on connaît la cause d'un mal, il est facile d'y remédier, c'est de détruire cette cause. Que manque-t-il aux biens nationaux pour être assimilés aux biens patrimoniaux ? Les acquéreurs ne jouissent-ils pas en vertu d'un premier titre qui les a mis en possession, et d'un second titre qui les a maintenus ? N'ont-ils pas payé le prix stipulé par le contrat de vente ? Oui, sans-doute, mais il leur manque le consentement et la ratification de l'ancien propriétaire. L'absence de cette formalité influe sur la valeur de la propriété à chaque mutation, parce qu'elle est une protestation tacite. Et pourquoi les biens nationaux n'éprouveraient-ils pas cette défaveur, lorsque les biens patrimoniaux n'en sont pas exempts, dans la même conjoncture? Un exemple suffira pour faire comprendre facilement la chose : ils sont très-fréquens dans la société.

Il faut d'abord dire que, d'après nos lois, celui qui achète un immeuble en est simplement propriétaire, et qu'il ne devient propriétaire incommutable, que lorsqu'il a obtenu des lettres de ratification. D'après cela, supposons deux particuliers qui ont à vendre deux propriétés patrimoniales de la même valeur. L'un a ses titres bien en règle, l'autre est dans l'impossibilité de produire des lettres de ratification de l'ancien propriétaire. Le premier vend sa terre cent mille francs : le second ne peut pas trouver à vendre; et si cependant il se présente un acquéreur, celui-ci lui fera la loi et lui dira : *Puisque vous ne voulez pas produire des lettres de ratification de l'ancien propriétaire, il y a du danger à traiter avec vous, et, comme en achetant votre propriété, j'achète aussi des inquiétudes, je ne puis vous en donner que cinquante mille francs.* Le lecteur conviendra avec moi que ce particulier est encore fort heureux de trouver cette somme. Ainsi, nous voyons que deux propriétés patrimoniales de même valeur ont été vendues, l'une cent mille francs et l'autre cinquante mille francs, et pourquoi ? Par le seul défaut de lettres de ratification. Dès lors, il est vrai de dire que les biens nationaux sont en défaveur, non pas parce qu'ils sont nationaux, mais par l'absence de la ratification de l'ancien propriétaire. Que l'on accorde donc des lettres de ratification aux détenteurs actuels, en vertu d'une loi spéciale, et l'accroissement de valeur des biens ne sera pas douteux.

Mais qui croira que ces adversaires accordent cette vertu d'accroissement à leur projet d'indemnité en rentes, et qu'ils la refusent à celui-ci ? Tant d'obstination fait soupçonner la bonne foi. Il m'est impossible, de même qu'à vous, d'administrer la preuve de cet accroissement de valeur. Mais entre deux projets fondés l'un et l'autre sur des probabilités, adoptez le plus vraisemblable, et ne choisissez pas celui qui s'éloigne le plus de la vérité.

HUITIEME QUESTION.

La rétribution payée par les acquéreurs des biens nationaux fera-t-elle des mécontens ?

Les partisans du projet de rentes prétendent que celui-ci ne peut pas être admis, parce qu'il ferait trop de mécontens, et pour donner du ridicule à leur peu de franchise, ils ajoutent des *mécontens dangereux.* En supposant qu'il y eût quelques mécontens, serait-ce une raison pour le faire rejeter ? A-t-on jamais rendu une loi qui ait contenté tout le monde ? Je les prie de me dire si l'indemnité payée en rentes ne sera pas un plus grand nombre de mécontens ? Examinons toutefois si cette objection a quelque fondement.

Ce ne sera pas sans doute cette masse de Français, c'est-à-dire les trois quarts de la population qui, ayant perdu, ou n'ayant pas voulu profiter pendant nos troubles civils, trouveraient mauvais de n'être pas appelés à supporter la charge de l'indemnité.

Est-ce les acquéreurs des biens nationaux ?

Ce n'est pas celui qui, ayant autant de propriétés nationales que de patrimoniales, et voulant traiter également ses enfans, est obligé de diviser des biens quelquefois indivisibles, et dont la division en diminue la valeur, parce qu'il croirait léser celui à qui il ne donnerait que des propriétés nationales.

Ce n'est pas celui qui, n'ayant que des propriétés nationales, est tourmenté de la crainte que ses enfans ne jouissent pas aussi paisiblement qu'il a joui lui-même.

Ce n'est pas celui qui veut vendre, ou celui qui voudrait échanger sa propriété pour une autre patrimoniale qui est mieux à sa convenance, il ne peut le faire sans diminuer son revenu au moins d'un tiers.

Ce n'est pas celui qui, en cultivateur habile et intelligent, sacrifie une somme considérable pour planter et entretenir une vigne dont il n'en attend des produits, encore même incertains, que dans quatre à cinq ans, ce n'est pas, dis-je, ce cultivateur qui sera mécontent de payer une rétribution qui, en lui garantissant la jouissance paisible de ce qu'il a, doit doubler la valeur de son bien : ce qui lui produira plus que la vigne qu'il aurait plantée.

Ce n'est pas ce propriétaire consciencieux qui, ayant profité de la défaveur des biens, pourrait se plaindre de payer une plus value de 10 pour cent, pourvu qu'il soit certain que sa propriété lui sera à jamais garantie.

Dans cette énumération, comme l'on voit, je viens de comprendre la grande majorité des acquéreurs des biens nationaux. Cela n'empêchera pas que les adversaires, calculant sur l'avarice de quelques-uns, ne prennent leur défense; ils s'apitoieront même sur leur sort, ils diront peut-être qu'ils ne pourront payer une si forte rétribution, comme s'ils ne savaient pas que celui qui a 100,000 fr. de biens, n'eût-il pas un sou dans sa poche, n'a jamais été en peine de trouver 10,000 fr. quand il a été certain de les tripler. Qu'on les consulte individuellement avant de prendre une détermination, et l'on verra qu'ils ne seront pas dupes de cette feinte sollicitude.

Ce ne peut pas être non plus les émigrés à qui de tous les projets celui-ci est le plus avantageux, parce qu'ils sont certains de recevoir une indemnité réelle, au lieu que s'ils la recevaient en rentes, ils courraient la chance de la baisse, et comme la liquidation de l'indemnité ne sera pas terminée avant trois ans, on ne peut prévoir quel sera le taux de la rente à cette époque : d'ailleurs, leur amour propre serait blessé de recevoir une indemnité qui serait payée par le plus grand nombre qui ne leur doit rien, tandis que leur hypothèque morale les dispense d'avoir obligation à personne.

A toutes ces considérations, j'en ajouterai une prise dans leur plus grand intérêt : c'est qu'ils sont convaincus qu'ils ne peuvent réparer leurs pertes qu'à la faveur de la paix intérieure, qui laisse au gouvernement la facilité de faire le bien, et que s'ils préféraient l'indemnité au rentes, ils pourraient faire soupçonner qu'ils n'accordent cette préférence que pour conserver des espérances. Ce soupçon augmenterait les inquiétudes et entretiendrait pour jamais la division parmi les français, tandis qu'il leur convient mieux de recevoir en espèces une indemnité qui leur fournira les moyens de redevenir propriétaires, en rachetant leurs biens ou d'autres, et qui les mettra dans le cas de regagner la considération dont ils jouissaient autrefois en défendant nos droits à la tribune et dans les camps. La France verra sans jalousie que le gouvernement leur tienne compte de leur résignation en les appelant à des emplois honorables et lucratifs.

Telle est la perspective qui s'offre à leurs yeux dans l'avenir ; pourraient-ils vouloir y renoncer ? ce serait une injure que de le soupçonner. Non, non, les émigrés ne seront pas mécontens ; mais où sont donc ces prétendus mécontens ? je les cherche partout et je n'en vois nulle part : il serait possible que ce projet de réconciliation fît des mécontens, mais heureusement ils ne seraient pas en France.

RÉFUTATION

De l'article inséré dans la Quotidienne du 26 octobre dernier.

La *Quotidienne*, dans un article du 26 octobre dernier, a dit que, *pour détruire les funestes effets des confiscations, il fallait rendre la propriété confisquée à son premier maître*. La *Quotidienne*, comme on le voit, n'emploie pas de réticences, elle ne déguise pas sa pensée. Dès lors, il est facile de s'expliquer et de s'entendre. Les funestes effets des confiscations qu'elle veut détruire ne peuvent être que : 1° la division qui règne entre deux classes très-compactes et très-nombreuses ; 2° La dépréciation des biens nationaux ; deux causes qui font tant de mal à l'état, et qu'il est important de faire cesser. Sur ce point, nous sommes parfaitement d'accord. Mais nous ne ne saurions l'être sur le mode d'exécution, parce qu'il est *injuste*, sans examiner ici s'il est politique ou non. Puisque la *Quotidienne* a manifesté sa pensée avec tant de franchise, elle aura, je crois, assez de bonne foi pour se rendre à l'évidence de mes raisons, et pour reconnaître son erreur.

Jusqu'à présent, tous les défenseurs des acquéreurs n'ont traité la question que sous le rapport politique, c'est-à-dire en présentant le danger qu'il y aurait de les attaquer. Mais comme la politique n'a point de règles fixes, et qu'on peut l'envisager sous mille formes différentes, sans pour cela être de mauvaise foi, ils n'ont pu parvenir à convaincre leurs adversaires intéressés à voir d'une autre manière. Les Français n'ont jamais connu les dangers, et ces défenseurs n'ont pas compris qu'en cherchant à leur faire peur, ils ne faisaient que les irriter davantage. J'abandonne donc la politique qui n'aura jamais d'influence sur les intérêts particuliers. Je vais traiter la question sous un autre rapport, parce qu'il a des bases positives et certaines, c'est-à-dire sous le rapport de l'honneur et de la justice. C'est avec un tel langage que je veux parler à des Français, c'est le seul digne d'eux, c'est le seul qu'ils puissent comprendre. Il est temps, pour le repos de la France, de terminer un différend qui alimente des espérances chez les uns et des inquiétudes chez les autres. Toutefois je n'aurai pas recours à la prescription, quoique moyen très-légal, parce qu'une fin de non-recevoir prise de la prescription trentenaire n'est pas un titre satisfaisant pour la conscience de l'homme de bien.

Les acquéreurs des biens nationaux ayant été investis par le Gouvernement de fait qui leur en avait consenti la vente, étaient considérés et pouvaient se considérer aux yeux de ce Gouvernement comme possesseurs définitifs. Mais à l'égard de notre antique dynastie et du Gouvernement actuel, ils n'étaient considérés que comme possesseurs provisoires. C'était l'opinion générale. Voilà pourquoi la hache et le marteau faisaient alors de la France un champ de ruines et de dévastations; les uns dépeuplaient nos forêts, les autres démolissaient les édifices, les maisons et les châteaux pour en vendre les matériaux : les biens, en un mot, se vendaient six ou sept capitaux pour un de rente. D'après cela, je dis que si le moyen proposé par la *Quotidienne* avait été présenté avant la restauration ou avant la Charte, on aurait pu reprendre ces biens moyennant le remboursement des sommes réellement payées. Cette mesure, rigoureuse ou non, n'aurait rien eu d'étonnant : les acquéreurs auraient subi les lois de la guerre. Mais la restauration est arrivée ; nos princes légitimes nous sont rendus ; le chef de cette auguste dynastie, tenant dans ses mains les destinées de la France, ne veut pas faire usage des droits de la guerre; et, par un ordre émané de sa toute-puissance, il défend d'inquiéter les acquéreurs (1). Il avait médité long-temps, loin de sa patrie, sur le bonheur de la France ; rentré dans la capitale, il réfléchit encore sur ce qui peut rendre heureux le peuple qu'il est appelé à gouverner; et, après un mûr examen, il fait connaître à la France attentive *ses volontés suprêmes,* en les consignant

---

(1) Le Roi, dans sa proclamation aux Français, que j'ai lue en date du mois de décembre 1813, ou janvier 1814, invite les anciens et les nouveaux possesseurs à transiger ensemble ; il ne voulait donc pas les dépouiller ? Ce projet serait en effet la conséquence de cette proclamation.

dans une Charte où *les acquéreurs sont maintenus définitivement dans leurs propriétés.*

Dix ans après des faits aussi authentiques, un jugement aussi solennel, vous venez proposer de reprendre ces biens? C'est attaquer la chose jugée..... Et sans me prévaloir du motif pris de ce que les acquéreurs primitifs n'existent pas, en grande partie, ce qui rendrait la proposition encore plus injuste, je dirai que les acquéreurs ont cessé d'être possesseurs provisoires. Le pacte fondamental ayant déclaré leurs propriétés inviolables, ils sont devenus, par ce fait seul, propriétaires définitifs et de bonne foi; et la preuve qu'ils se croient tels, c'est qu'ils font le contraire de ce qu'ils faisaient quand ils se croyaient possesseurs provisoires : c'est que, depuis la Charte, on ne voit plus de ces dévastations affligeantes. En effet, ne se croit-il pas possesseur définitif et de bonne foi 1° Celui qui fait des constructions? 2° Celui qui améliore et embellit sa propriété? 3° Celui qui, depuis la Charte, a acquis un bien national? 4° Celui à qui l'épouse a apporté en dot une propriété nationale? 5° Celui qui a fait ratifier la vente par l'ancien propriétaire? 6° Celui qui a fait échange d'un bien patrimonial contre un bien national? 7° Celui à qui, dans le partage d'une succession, il est échu dans son lot un bien national? 8° Celui qui a vendu un bien patrimonial pour acheter un bien national? Si on ne peut disconvenir que tous ceux que je viens de citer sont possesseurs définitifs et de bonne foi, on sera forcé de convenir qu'il n'y a plus de possesseurs provisoires, car ils sont tous compris sous ces diverses dénominations.

Maintenant examinons ce que c'est qu'un possesseur définitif et de bonne foi. Interrogeons nos lois, notre jurisprudence, nos mœurs et nos usages, et nous verrons que la possession légale, définitive et de bonne foi est un titre sacré de propriété. Tous les détenteurs peuvent donc vous dire : Que m'importe de savoir à qui a appartenu cette propriété? elle est à moi, je jouis en vertu de la Charte, je suis possesseur définitif et de bonne foi. Or, attaquer des possesseurs définitifs et de bonne foi; proposer de reprendre leurs biens, c'est un acte contraire aux lois. C'est une injustice, c'est violer la foi jurée et les lois de l'honneur. C'est violer la Charte et blesser la mémoire de l'auguste législateur dont les cendres sont à peine refroidies : c'est demander une confiscation nouvelle : c'est enfin proposer de couvrir une tache par une tache plus grande ; je dis *plus grande*, parce que les confiscations sont le fruit du délire et du tumulte des passions, tandis que celle qu'on propose aurait lieu à une époque où, depuis trente ans, la France n'a joui d'autant de calme; grâces en soient rendues au prince bien-aimé dont l'affabilité et la loyauté ont réuni comme par enchantement ce qui semblait divisé pour jamais.

La politique n'est entrée pour rien dans ma pensée, je n'ai considéré la question que sous le rapport de l'honneur et de la justice, et je demande si l'un et l'autre ne repoussent pas une semblable mesure.

Je m'en rapporte à la Quotidienne, j'en appelle à l'homme juste et impartial. Non, le seul moyen pour détruire les funestes effets des confiscations, c'est une transaction entre les anciens et les nouveaux possesseurs ; et qu'on ne dise pas que je suis en contradiction avec moi-même, lorsque d'une part je regarde les acquéreurs comme propriétaires définitifs, et que de l'autre je demande qu'il leur soit accordé des lettres de ratification. Sans doute devant la loi ils sont propriétaires définitifs ; mais ce n'est pas pour eux que je les demande, c'est pour ramener l'opinion publique, forcer la confiance, et faire accroître la valeur de leurs biens. On doit savoir que rien n'est plus mobile que l'opinion publique ; elle a confiance aujourd'hui, il ne faut qu'un mot pour la faire changer demain : il est donc nécessaire de la fixer.

Mais si la Charte a déclaré inviolables les biens nationaux, elle n'a pas dit que les émigrés seraient dépouillés sans dédommagement ; dès-lors on peut les dédommager par l'équivalent de leurs biens sans violer la Charte, et tout comme la Quotidienne, je pense qu'ils doivent l'être intégralement. La paix intérieure ne doit pas être mise au rabais. On a, dit-on, pris pour base de l'indemnité l'estimation des biens qui a été faite en 1790. Je crois qu'il aurait été plus juste de prendre pour base l'estimation de 1824, puisque ce n'est qu'en 1824 qu'ils sont indemnisés. Entre ces deux époques, il y a une différence dans la valeur des biens ; il faut choisir la plus avantageuse des deux lorsqu'il s'agit de réparer une injustice.

Dans mon exposé aux chambres, j'ai dit que tout détenteur paierait le dixième de la valeur des biens qu'il possède, *calculée d'après le rôle de la contribution principale et foncière*. La règle devant être égale entre celui qui paye et celui qui reçoit, c'est sur la base de la contribution foncière que l'indemnité, pour être intégrale, doit être payée. L'estimation est toute faite, il n'est pas besoin d'en faire de nouvelle. Dans quinze jours chaque émigré peut connaître la somme qui lui est due, déduction faite des sommes que l'état aurait payée pour lui; et en supposant que ce projet soit adopté, si le produit du dixième des biens nationaux était insuffisant pour compléter ce dédommagement, ce que je ne pense pas, on pourrait y ajouter deux cents millions, sans augmenter la rétribution à payer par les acquéreurs et sans augmenter les charges de l'état.

PARALLÈLE

Entre l'indemnité payée en rentes ou avec les épargnes de la caisse d'Amortissement et la rétribution payée par les acquéreurs en vertu d'une loi portant transaction.

L'indemnité payée par l'état n'a qu'un but : celui d'indemniser les émigrés.

La rétribution payée par les acquéreurs a pour but d'indemniser les émigrés, d'accrottre de près de trois milliards la valeur des biens, et d'augmenter les revenus de l'etat de plus de quinze millions par an.

L'indemnité payée par l'état laisse la question des biens nationaux indécise.

La rétribution payée par les acquéreurs l'a jugée définitivement et irrévocablement.

L'indemnité payée par l'état, si elle ne fait pas cesser la dépréciation des biens, entretiendra la division des esprits, et si elle l'a fait cesser, encourage les révolutions.

La rétribution payée par les acquéreurs éteint toutes les haines et ferme l'abîme des révolutions.

L'indemnité payée par l'état ne satisferait pas l'amour-propre des émigrés, parce qu'ils la recevraient du plus grand nombre qui ne leur doit rien.

La rétribution payée par les acquéreurs est plus conforme aux convenances, parce qu'ils reçoivent ce dédommagement en vertu du droit de leur hypothèque morale.

L'indemnité payée par l'état augmente sa dette et peut faire diminuer son crédit.

La rétribution payée par les acquéreurs enrichit l'état par l'accroissement des fortunes particulières et augmente son crédit.

L'indemnité payée par l'état, bien loin de cicatriser la plaie de l'état, ne fera que l'agrandir.

La rétribution payée par les acquéreurs cicatrise la plaie de l'état, et garantit la paix intérieure.

DE L'IMPRIMERIE DE J. SMITH, RUE MONTMORENCY, N° 16.

www.ingramcontent.com/pod-product-compliance
Lightning Source LLC
Chambersburg PA
CBHW060711050426
42451CB00010B/1378